Cómo viajamos

por Helen Gregory

Consultora:
Adria F. Klein, Ph.D.
California State University, San Bernardino

capstone
classroom
Heinemann Raintree • Red Brick Learning
division of Capstone

Las personas van de un lugar a otro de muchas maneras.

Se trasladan en el aire en globos de aire caliente.

Las personas viajan por el cielo en aviones.

Vuelan a mucha altura en cohetes espaciales.

Las personas viajan por el agua en veleros

Viajan sobre la nieve en trineos tirados por perros.

Algunas personas viajan en automóviles.

Otras viajan en autobús.

Algunas personas andan a caballo en sendas para cabalgar.

Otras personas andan en bicicleta en sendas para ciclistas.

Algunas personas viajan en tranvía.

Otras viajan en taxi.

Las personas de esta ciudad andan en botes.

Las de esta ciudad andan en trenes.

¡Hasta hay personas que viajan en elefante!